AF360266

NOUVELLES

MANOEUVRES

DE L'INFANTERIE

CONTRE LA CAVALERIE.

Par J. CACAULT, Adjudant-Commandant.

A PARIS,

Chez BROCHOT père et Compagnie, Libraires,
rue Montmartre, n° 113, près les Messageries.

AN XI (1802).

AVANT-PROPOS.

Il est difficile de raccourcir les manœuvres prescrites par le réglement, sur-tout en les rendant plus faciles : celles que j'entreprends ici méritent toute l'attention d'un bon manœuvrier. On a beaucoup travaillé pour en trouver une qui puisse résister avec quelque avantage contre l'arme de la cavalerie sans y être jamais parvenu : l'expérience nous l'a trop prouvé.

Etant à l'armée d'Italie, j'avois fait un projet de manœuvre d'infanterie contre la cavalerie. Je suis très-fâché que les circonstances ne m'aient pas permis de m'en servir contre l'ennemi ; mais j'en ai reçu les lettres d'approbation de plusieurs généraux et chefs de corps auxquels j'en avois adressé quelques exemplaires. J'ai donc cru, en conséquence, nécessaire de le joindre à la fin de cet ouvrage, parce qu'il offre des idées avantageuses, non-seulement sur les manœuvres que je viens de faire ; mais encore pour servir à l'instruction tactique des évolutions militaires en campagne.

Eh bien ! je crois toucher au terme où, par les dispositions que je détaillerai ci-après, je parviendrai à prouver clairement que l'infanterie peut avec avantage résister à la cavalerie, et qu'elle peut aussi l'attaquer avec succès, même en rase campagne.

L'on pourra faire deux manœuvres, l'une avec un seul bataillon, et l'autre avec plusieurs. La bataille de Bossu, en l'an 2, nous offre un grand exemple de la supériorité de l'arme de l'infanterie sur celle de la cavalerie. J'avois l'honneur de commander à cet excès d'audace. Deux bataillons français nous valurent quatre régimens de cavalerie : nous chargeâmes plusieurs fois et toujours victorieux.

J'ai fait, à d'autres affaires, l'expérience de la force de l'arme de l'infanterie contre la cavalerie, toujours avec succès ; et c'est de là que j'ai tiré les idées que je développerai dans cet abrégé de manœuvres.

Il faut dire, avec vérité, que les troupes qui exécutoient ce mouvement contre la cavalerie étoient très-bien disciplinées; cela joint à la bravoure ordinaire des troupes françaises, on ne pouvoit manquer d'avoir plein succès.

Je parlerai maintenant de la discipline des corps en général. L'expérience nous a encore prouvé qu'un corps bien discipliné et bien commandé ne sera jamais battu à force égale :

ce qui exige assez de sang-froid dans un chef pour n'être jamais embarrassé de manœuvrer devant l'ennemi. Il faut donc qu'un chef ait toujours quelques manœuvres à lui ; car il y a des cas où les manœuvres qu'on fait d'idée sur le terrein conviennent mieux que celles prescrites par le réglement : l'expérience nous a encore prouvé cela.

Pour ne pas m'étendre davantage, je reviendrai aux dispositions contre la cavalerie. J'ai dit à cet égard que l'on pouvoit, avec un ou plusieurs bataillons, faire face à la cavalerie, et même l'attaquer avec succès : cela est facile à prouver.

Je commencerai par la démonstration d'un seul bataillon, parce qu'il offre plus de facilité pour manœuvrer que plusieurs ensemble, sur-tout pour arrêter la cavalerie dans un débouché, la tenir en échec, marcher à elle, la resserrer même, pour ensuite la faire capituler.

Il est évident que deux ou trois bataillons en colonne contre la cavalerie, s'entendant ensemble dans une plaine, peuvent battre, chasser ou faire capituler plusieurs régimens de cavalerie. L'on peut attacher à chacune des colonnes deux ou trois pièces d'artillerie, comme il sera démontré ci - après , sans

qu'elles courent risque d'être prises. Ces colonnes auront le double avantage de pouvoir
se déployer facilement contre l'infanterie. Je
joindrai à cet ouvrage des planches qui offri-
ront au premier coup-d'œil les différentes
dispositions du mouvement exécuté, exécu-
tant ou à exécuter.

Je vais me borner à la simple démonstration des différentes colonnes contre la cavalerie.

MANOEUVRES
DE L'INFANTERIE
CONTRE LA CAVALERIE.

Dispositions d'un seul bataillon traversant un pays ouvert en présence de la cavalerie ennemie.

ARTICLE PREMIER.

LE chef d'un bataillon traversant une plaine, Pl. I, fig. I. se formera d'abord en colonne d'attaque, distance de section. Etant ainsi formé, il fera le commandement suivant : *Colonne contre la cavalerie, 2ᵉ et 3ᵉ pelotons du demi-rang de droite par section à droite ; 6ᵉ et 7ᵉ pelotons du demi-rang de gauche par section à gauche, marche ; serré en masse, marche.* A ce commandement, le 1ᵉʳ et 8ᵉ pelotons formant la 4ᵉ division serreront sur la 3ᵉ jusqu'à toucher les coudes des 2ᵉ et 7ᵉ pelotons ; les sections intérieures serreront la même chose sur le flanc, pour former les

4ᵉ , 5ᵉ et 6ᵉ rangs ; la 1ʳᵉ section des grenadiers se portera à volonté pour former le
4ᵉ rang devant la première division ; la 2ᵉ section formera, dans le même ordre, le 4ᵉ rang
derrière le 3ᵉ rang de la 4ᵉ division. Voilà
le carré formé et impénétrable.

I I.

Pl. I, fig. 2.   S'il y a deux pièces de canon attachées à
cette colonne, l'officier qui les commandera
pourra, pendant le mouvement qui vient de
s'exécuter, placer ces deux pièces sur le flanc
et à hauteur de la 1ʳᵉ division, à la distance de trois toises ; les caissons derrière la
colonne, à la distance de quatre toises. Dans
l'ordre de marche, l'artillerie devra marcher
ainsi qu'il vient d'être expliqué.

I I I.

Pl. I, fig. 3.   Pour mettre la colonne en marche , le
chef fera le commandement suivant :
*Division des flancs, par le flanc droit et
gauche à droite et à gauche.* La division de
flanc droit fait une à gauche, et celle de gauche fait une à droite ; le chef commandera :
Colonne en avant, marche. L'artillerie fait le
mouvement tel qu'il est expliqué à l'article II.

Dans cette disposition l'on peut, en marchant, porter cette colonne, par les marches
de flancs, par-tout où l'on voudra et sans
confusion.

I V.

Si, lorsque la colonne est en marche, quel- Pl. I, fig. 3.
ques tirailleurs de cavalerie avançoient trop
près pour l'inquiéter, alors les grenadiers
quittent leurs rangs à volonté, et font feu sur
la cavalerie, sans que la colonne dérange sa
marche.

V.

Manière de diriger les feux en général.

Si la cavalerie avançoit jusques à la dis- Pl. I, fig. 4.
tance de 60 toises, et se disposoit à charger
la colonne, le chef commandera : *Colonne,*
halte, et l'artillerie se mettra de suite en position pour faire feu, et tirera le dernier
coup à mitraille, à 25 toises, au moins : les
canonniers rentreront aussi-tôt dans le carré
où se trouvent déjà placés l'état-major, tambours et musiciens ; les grenadiers repren-
dront leurs rangs, comme il est dit à l'article Ier ; l'infanterie attendra la cavalerie à
la distance de trente pas, avant de faire
feu.

Si malgré ce feu la cavalerie avoit la témérité d'avancer pour enfoncer le carré ; alors,
si c'est à la tête, les grenadiers formant le
1er rang présenteront la bayonnette de la
manière suivante : les trois autres rangs feront
un feu bien fourni.

V I.

Présenter la bayonnette.

Pl. I, fig. 5. Mettre le genou droit à terre, la crosse
du fusil appuyée à terre et touchant le genou droit, l'arme inclinée en avant, la platine tournée en dessous, la tête très - basse
et appuyée sur le fusil, la main gauche à
hauteur de la première capucine, tenant ferme la poignée de l'arme avec la droite.

V I I.

Pl. I, fig. 5. Le chef de la colonne fera faire un roulement, qui sera le signal de présenter la
bayonnette ; la fin du roulement sera celui
pour faire commencer les feux aux rangs qui
se trouvent derrière ceux qui mettront le genou en terre.

V I I I.

Pl. I, fig. 5 et E. Si c'est le flanc qui se trouve chargé, les
trois premiers rangs présenteront la bayon-

nette ensemble, dans les principes qui sont expliqués à l'article VI. Le signal du roulement sera exécuté pour les trois rangs ensemble, et pour faire commencer les feux aux trois autres qui se trouvent derrière. Si c'est la queue qui se trouve chargée, les caissons et les chevaux lui servent de rempart.

OBSERVATION.

D'après de telles dispositions, n'est-ce pas une forte citadelle contre la cavalerie ?

I X.

Si l'on veut passer une plaine sans combattre la cavalerie, l'on marchera toujours dans le même ordre qu'à l'article III ; et les grenadiers marcheront à volonté en avant et sur les flancs de la colonne, pour éloigner les cavaliers tirailleurs. *Pl. I, fig. 3.*

X.

Si au contraire l'on veut chasser la cavalerie de la plaine, l'on marchera à elle, comme à l'article IX, et l'on ne s'arrêtera, pour faire feu, qu'à la distance de 25 toises. L'officier commandant l'artillerie aura le plus grand soin de faire marcher les caissons de manière à ce qu'ils puissent se ranger de suite *P. I, fig. 3.*

à la queue, comme il est expliqué à l'art. II. Les grenadiers reprennent leurs rangs au commandement de halte.

L'on craindra, peut-être que la cavalerie n'arrive trop vîte sur la colonne, et qu'elle n'ait pas le temps de se mettre en défense dans le même ordre que j'ai déjà expliqué. Je dirai, à cet égard, que si j'arrête la colonne à 25 toises, c'est pour mieux donner le temps à notre artillerie de prendre son rang, comme à l'article II ; car l'infanterie peut marcher à la cavalerie, à la distance de 15 toises avant de s'arrêter. L'on sait que, d'après expérience faite, il faut à la cavalerie, pour parcourir 15 toises au pas 20 secondes, au trôt 10, et au galop 5. Pour faire le commandement de *halte, front, feu de deux rangs*, pour la colonne il ne faut que deux secondes, sans l'artillerie, et avec l'artillerie 5 : alors la cavalerie aura donc 10 toises à parcourir avant d'atteindre les canonniers et charretiers.

Je crois avoir assez démontré combien l'infanterie a d'avantage contre la cavalerie, même en rase campagne ; je vais maintenant mettre tous mes soins pour faire passer sur le même terrein plusieurs bataillons en colonne contre la cavalerie , et avec autant d'avantage que j'en ai trouvé pour un seul.

Dans tous les cas , je me donnerai garde de former des carrés plus forts que de trois bataillons ensemble. Par exemple , si j'ai trente mille hommes pour passer la plaine , je formerai autant de colonnes nécessaires ; enfin , je saurai profiter des localités du pays selon les circonstances ; car il est facile de voir qu'un carré sur trois rangs de hauteur est aisé à enfoncer ; ensuite la cavalerie pénètre dans le carré , où elle trouve du terrein pour manœuvrer. Il n'en est pas de même d'un petit carré : je suppose même qu'il soit enfoncé, la cavalerie ne peut pas y manœuvrer.

Dispositions d'une colonne composée de trois bataillons traversant un pays ouvert occupé par la cavalerie ennemie.

ARTICLE PREMIER.

L'officier commandant en chef fera exé-^{Pl. II, fig. 2.}cuter les mouvemens suivans : En entrant en plaine , chaque bataillon sera formé en colonne d'attaque , distance de section et par

échelon , en conservant la distance d'une section , d'un bataillon à l'autre , non compris
les grenadiers , qui devront , en arrivant en
colonne , serrer en masse sur la 4ᵉ division.
L'artillerie attachée à chacune des colonnes
marchera sur le flanc de chaque colonne , à
hauteur de la 1ʳᵉ division, et à trois toises de
distance de la colonne : les caissons marcheront sur le flanc du 3ᵉ bataillon et à la queue.

I I.

*Passer de la colonne d'attaque à la colonne
de défense contre la cavalerie.*

Pl. II, fig. 7.   L'officier commandant en chef fera exécuter le mouvement suivant : *Colonne contre la
cavalerie, dans chaque bataillon , 2ᵉ et 3ᵉ pelotons du demi - rang de droite, par section
à droite; 6ᵉ et 7ᵉ pelotons du demi - rang de
gauche , par section à gauche , marche.* A ce
commandement, la compagnie de grenadiers
du 1ᵉʳ bataillon se portera à volonté pour former deux rangs devant la 1ʳᵉ division ; les
grenadiers du 3ᵉ bataillon feront la même
chose pour former deux rangs derrière le 3ᵉ
rang de la 4ᵉ division qui se trouve à la queue.
Le chef commandera ensuite : *Bouchez les
intervalles.* A ce commandement , les sections

intérieures serreront en masse sur les flancs pour former les 4ᵉ, 5ᵉ et 6ᵉ rangs ; la 4ᵉ division du 3ᵉ bataillon serrera sur la 3ᵉ, jusqu'à toucher les coudes des 2ᵉ et 7ᵉ pelotons. Les capitaines commandant la 4ᵉ division du 1ᵉʳ bataillon commanderont, celui de droit, par le flanc droit et par file à droite ; celui de gauche, par le flanc gauche et par file à gauche. La 1ʳᵉ division du 2ᵉ bataillon commandera, 4ᵉ peloton à droite en bataille, et le 5ᵉ à gauche en bataille. Ces derniers se trouveront former les 4ᵉ, 5ᵉ et 6ᵉ rangs, derrière la 4ᵉ division du 1ᵉʳ bataillon. L'on fera exécuter le même mouvement à la 4ᵉ division du 2ᵉ bataillon, et à la 1ʳᵉ du 3ᵉ, pour boucher les intervalles entre ces deux bataillons.

Les grenadiers du 2ᵉ bataillon serviront à remplir les vides qui pourroient se trouver, d'après les commandemens de halte, en marchant à la cavalerie, ou dans les mouvémens de pied ferme. On renforcera la tête et la queue de la colonne, en cas qu'elle soient chargées par la cavalerie.

I I I.

L'artillerie qui se trouve placée sur les flancs et à la queue entrera dans le carré. Pour cet effet, une section de celles qui bouchent les intervalles fera en arrière à droite ou à gauche alignement, pour laisser passer l'artillerie. Cette section reprendra sa place aussi-tôt qu'elle sera entrée dans le carré.

I V.

Pl. I, fig. 8.   Si le commandant en chef veut marcher en avant pour traverser la plaine, il fera le commandement de division de flancs, par le flanc droit et gauche à droite et à gauche : les divisions du flanc droit font à gauche, et celles de gauche font à droite. Dans cette disposition, l'on peut, en marchant, porter cette colonne par-tout où l'on voudra et sans confusion.

V.

Pl. I, fig. 3.   Si l'on veut marcher à la cavalerie, il ne faudra s'arrêter qu'à la distance de 15 toises d'elle. Si la cavalerie n'attend pas la colonne à cette distance, l'on fera ouvrir des intervalles distans d'une section, pour laisser l'artillerie libre dans ses feux. Ces intervalles s'ouvriront par le commandement de section en arrière à droite ou à gauche alignement.

OBSERVATION.

Si l'on veut poursuivre, l'on marchera toujours dans le même ordre qu'à l'article IV.

(17)

V I.

Si au contraire la cavalerie menaçoit de Pl. II. fig. 6.
charger la colonne lorsqu'elle est en marche,
alors le chef ne commandera le *halte* que
lorsque la cavalerie sera à la distance de
3o toises, il commandera *halte*, *front*, et ne
commandera les feux que lorsque la cavalerie sera à 3o pas de la colonne.

OBSERVATION.

Dans cette manœuvre principalement, il
faut au chef, comme aux officiers, beaucoup
d'intelligence et de sang-froid. L'officier doit
prendre pour principes, pour cette manœuvre
seulement, que toutes les fois que le chef
fera le commandement de *halte*, *front*, pour
faire face à la cavalerie, il se trouvera qu'au
lieu de faire front par une à droite ou une à
gauche, c'est un demi-tour que le capitaine
devra commander. Il faut prendre aussi pour
principes que tous les commandemens de
front se trouvent toujours en dehors des quatre
faces du carré.

V I I.

Si, malgré le feu de la colonne, la cavale- Pl. I, fig. 5
rie avoit la témérité de chercher à enfoncer   et E.

2

le carré ; alors, si c'est à la tête de la colonne, les deux rangs de grenadiers présentent la bayonnette, tel qu'il est expliqué dans les articles V et VI de l'instruction d'un seul bataillon (*Voyez* fig. 5 *a.*). Si c'est la queue qui se trouve chargée, on exécutera la même chose ; si ce sont les flancs, les trois premiers rangs présentent la bayonnette, pendant que les trois autres font également feu(*V.* fig. 5. E.).

V I I I.

Pl. I, fig. 3: Si la colonne en marche étoit inquiétée par de la cavalerie en tirailleurs, les grenadiers de la tête et de la queue quittent leurs rangs à volonté, pour éloigner les cavaliers tirailleurs, sans que la colonne dérange sa marche.

I X.

Pendant les feux ou l'ordre de marche contre la cavalerie, la place de l'état-major, musiciens et tambours sera toujours dans le carré.

OBSERVATION.

Si l'on veut passer de la colonne contre la cavalerie à la colonne d'attaque, ou se mettre de suite en bataille, rien n'est plus facile et plus court. Etant en colonne contre la cavalerie, l'on peut facilement se mettre en ligne de bataille ; ce qui sera moins long que de se remettre en colonne d'attaque pour déployer ensuite.

Je ne crois pas qu'il soit utile de démontrer ici cette manœuvre, elle est trop simple pour n'être pas saisie à la première vue.

TABLE D'INDICATION.

PLANCHE PREMIÈRE.

FIGURE 1re, indique une colonne d'attaque à distance de section.

FIGURE 2e, indique une colonne d'attaque qui se forme en colonne contre la cavalerie.

FIGURE 3e, indique une colonne d'attaque formée en colonne contre la cavalerie, avec ses canons et ses caissons. La barre qui se trouve à la tête et à la queue, indique la compagnie de grenadiers sur un seul rang : les points indiquent qu'ils sont en tirailleurs.

FIGURE 4e, indique que cette colonne fait feu sur la cavalerie.

FIGURE 5e, indique un rang de grenadiers présentant la bayonnette, et derrière lui trois rangs qui font feu sur la cavalerie.

FIGURE 5e et *A*, indique deux rangs de grenadiers présentant la bayonnette, et trois autres rangs faisant feu sur la cavalerie.

FIGURE 5e et *E*, indique trois rangs de grenadiers présentant la bayonnette, et trois autres rangs faisant feu sur la cavalerie.

PLANCHE DEUXIÈME.

FIGURE 6e, représente trois bataillons en colonne d'attaque, l'un derriere l'autre, avec la distance de section seulement. Les grenadiers ont serré en masse en arrivant.

Figure 7ᵉ, indique trois bataillons en colonne d'attaque, se formant en colonne contre la cavalerie.

Figure 8ᵉ, indique une colonne formée contre la cavalerie : elle a ouvert des intervalles d'une section , pour laisser rentrer l'artillerie dans le carré. Dans cette position , on peut porter cette colonne par les marches de flanc , par-tout où l'on voudra. Les points indiquent deux compagnies de grenadiers en tirailleurs , qui reprennent leurs rangs à la tête et à la queue de la colonne pour faire feu.

Figure 9ᵉ, indique une colonne de trois bataillons faisant feu oblique à l'angle droit de la tête sur la cavalerie , qui , après avoir chargé , se retire en désordre.

PROJET

DE

MANOEUVRES DE L'INFANTERIE

CONTRE LA CAVALERIE.

Il est indispensable, avant le moment de l'attaque, de désigner plusieurs corps pour former des colonnes contre la cavalerie ; ces colonnes doivent être formées d'un seul bataillon, composé au moins de 800 hommes, afin de pouvoir profiter de plusieurs avantages, soit contre l'infanterie ou la cavalerie ennemie. Ces colonnes doivent être formées, autant que faire se pourra, en colonne d'attaque, distance de section.

Je démontrerai par la suite qu'étant ainsi formée, la manœuvre est bien plus facile pour se mettre en défense contre la cavalerie. Chacune de ces colonnes peut protéger près d'elle deux pièces d'artillerie, comme il sera expliqué ci-après.

Dispositions des colonnes contre la cavalerie dans une bataille en ligne et dans un pays ouvert.

Toutes les colonnes doivent former la seconde ligne, et être en colonne d'attaque, avec la distance nécessaire d'un bataillon à l'autre, en cas qu'on veuille déployer, observant que la colonne de droite, de cette ligne, doit être disposée contre la cavalerie, présentant son front en dehors du flanc droit de la 1re ligne ; même disposition pour la colonne de gauche présentant son front en dehors du flanc gauche de la même ligne ; observant encore que le chef d'une colonne placée à une aile, telle que se trouve celle-ci, ne fera point faire demi-tour à droite aux 1er et 8e pelotons, et laissera les grenadiers de sa colonne en tirailleurs, ainsi que je l'expliquerai dans l'instruction suivante.

Je suppose que pour une armée de 30,000 hommes il faille 3,000 chevaux ; la place de ces chevaux, dans une bataille et dans un pays ouvert, est aux ailes et en arrière de la seconde ligne. Ils se trouvent protégés par les colonnes de défense contre la cavalerie, déjà placées aux ailes.

Le commandant en chef voulant faire porter une ou plusieurs colonnes pour s'opposer aux progrès de la cavalerie , il enverra l'ordre par un ou plusieurs officiers de l'état-major aux chefs des colonnes ; ils devront pour lors faire exécuter les manœuvres suivantes.

Manière de passer de la colonne d'attaque à la colonne de défense contre la cavalerie.

Le chef de bataillon commandant une colonne fera le commandement suivant :

Dans le demi-rang de droite , 2e *et* 3e *pelotons , par section à droite ; dans le demi-rang de gauche ,* 6e *et* 7e *pelotons , par section à gauche ;* 1er *et* 8e *pelotons , serrez en masse , marche.* Pendant que le chef de la colonne fait ces commandemens , les grenadiers se portent rapidement à la tête de la colonne, pour former deux rangs devant la 1re division.

Pendant l'exécution de ce mouvement , le commandant d'artillerie attaché à la colonne , fait garnir de caissons la queue de la colonne qui ne se trouve que sur trois rangs ; alors ce sera une citadelle contre la cavalerie.

Disposition de l'artillerie attachée à chaque colonne.

Comme je l'ai déjà dit, on peut attacher à chacune des colonnes deux pièces d'artillerie qui seront placées, une sur chaque flanc et à hauteur de la première division. Les caissons resteront à la queue ; et dans l'ordre de marche, l'artillerie devra toujours marcher ainsi qu'il vient d'être dit.

Le commandant en chef, envoyant l'ordre à une colonne de défense contre la cavalerie de se porter sur un autre point (dans le cas où la cavalerie ennemie n'harcelle plus cette colonne), le commandant de la colonne fait les commandemens, aux sections des 2e et 3e pelotons du demi-rang de droite, *par le flanc gauche, à gauche ; sections des 6e et 7e pelotons du demi-rang de gauche : par le flanc droit, à droite ;* 1er *et* 8e *pelotons, face en tête demi-tour à droite.* Pendant ce commandement, les grenadiers quittent la colonne et se dispersent en tirailleurs. Dans les dispositions où se trouve actuellement cette colonne, on peut la porter, par la marche de flanc, par-tout où l'on voudra.

Je suppose encore que cette colonne rencontre la cavalerie ennemie dans sa marche, si elle se disposoit à charger, le commandant de la colonne fera le commandement de *halte, front;* 1er *et* 8e *pelotons demi-tour à droite, feu de deux rangs, commencez le feu.* Pendant l'exécution de cette manœuvre, les grenadiers reprennent sur - le - champ leurs rangs à la tête de la colonne, et l'artillerie placée comme je l'ai déjà dit, fait également feu.

Si on veut la remettre en colonne d'attaque pour déployer et faire face à l'infanterie ennemie, le chef de colonne commandera, *demi-rang de droite, sections du* 2e *et* 3e *pelotons par le flanc gauche et par sections par file à gauche; demi-rang de gauche, sections du* 6e *et* 7e *pelotons, par le flanc droit par sections par file à droite : marche.* Les chefs des sections auront soin de prévenir leur section du mouvement qui devra s'opérer. Au commandement de marche, le mouvement s'exécute; les chefs des 1er et 8e pelotons reprennent leur distance et commandent, *face en tête, demi-tour à droite.* Les sections intérieures marchent à la rencontre les unes des autres, jusqu'à l'emplacement du centre de la division, et les sections extérieures suivent la dernière file des sections intérieures : elles ne commenceront alors à tourner que lorsque les sections intérieures ont presque tourné.

Les chefs de pelotons commanderont aux deux sections, *halte, front; à gauche aligne-ment pour le demi-rang de droite, et à droite alignement pour le demi-rang de gauche :* le chef de la colonne commande *fixe.*

Pour prouver clairement l'utilité des colonnes contre la cavalerie en les conservant en colonnes d'attaque, ce qui est un triple avantage. Je suppose plusieurs bataillons en ligne de bataille dans un pays ouvert et propre aux manœuvres de la cavalerie, les colonnes d'attaque sont toutes en seconde ligne avec la distance nécessaire d'un bataillon à l'autre, pour déployer en cas de besoin ; il n'y a que les deux colonnes de droite et de gauche qui doivent être disposées contre la cavalerie, comme il est expliqué plus haut: elles font face au dehors des flancs de chaque aile.

Les 3,000 chevaux sont aussi placés sur les ailes et en arrière de la 2e ligne.

La première ligne étant obligée à la retraite, par une raison quelconque, il faut cependant défendre ma position, dont dépend peut-être le salut de l'armée : je ferai, dans ce cas, exécuter le passage des lignes ; alors les colonnes de seconde ligne , disposées, comme je viens de le démontrer , pour-

ront se porter rapidement , et au pas de
charge , en remplacement de la 1re ligne , sup-
posée battue.

*Passage des lignes d'une manière bien plus
facile et moins dangereuse que celle dont
on se sert à présent.*

Au moment où la première ligne fait demi-
tour , pour faire sa retraite , toutes les colonnes de seconde ligne , excepté les deux
colonnes contre la cavalerie , placées à chaque aile de la première , partent ensemble au
pas accéléré ; et lorsqu'elles sont près de la
1re ligne , les chefs de bataillons de cette ligne
commandent : *4e et 5e pelotons obstacle.* Chaque colonne passe alors dans l'intervalle des
pelotons qui ont fait obstacle , et si - tôt
qu'elles sont placées , les grenadiers de chacune des colonnes s'éparpillent en tirailleurs
pour les couvrir. Les chefs de bataillon commanderont alors aux pelotons qui ont fait
obstacle , *en ligne , marche.*

Lorsque le commandant en chef verra qu'il
est près de la position qu'occupoit la 1re ligne,
il fait le commandement général de *halte,*
chaque chef de colonne , ainsi qu'il est d'u-
sage , répétera le commandement , et les
grenadiers reviendront , de suite , reprendre

leur poste à la queue de la colonne pour déployer. Les feux de pelotons seront de suite ordonnés. Chaque tête de colonne commencera son feu, et les pelotons le feront successivement, à mesure qu'ils arriveront sur la ligne.

Pendant les manœuvres de la seconde ligne, devenue première ; la première devenue seconde, doit se former en colonne, dans le même ordre qu'étoit celle qu'elle a remplacée. On devra aussi faire distribuer des cartouches à la ligne qui aura fait sa retraite ; mais on se gardera bien pendant l'exécution de ces manœuvres, de faire faire aucun mouvement aux colonnes de défense contre la cavalerie, qui, comme je viens de dire, doivent toujours rester aux ailes, et même elles peuvent au besoin s'avancer contre la cavalerie ennemie, pour protéger le passage des lignes.

Le général commandant pourra ensuite disposer de quelques-unes des colonnes de la seconde ligne, pour les porter, aussi-tôt qu'elles seront formées, où besoin sera ; car, l'ennemi, d'après de telles dispositions, ne peut avoir aucun succès. Je ne parle point de ce que doit faire l'artillerie dans cette circonstance ; le commandant en chef devra le prévoir : au surplus, dans une bataille, l'artillerie est

ordinairement placée un peu en avant des intervalles des bataillons qui composent la ligne;
s'il croyoit qu'il en faille ailleurs, il la fera
protéger par une colonne, s'il est besoin.
D'ailleurs, la prudence de ceux qui commandent doit prévenir et employer une infi-
nité de ruses, et agir suivant les localités du
pays et les circonstances.

S'il arrivoit que, par un coup d'audace
de la part de l'ennemi, une ligne de bataille
composée de plusieurs bataillons, fût chargée en front par la cavalerie, alors les colonnes qui se trouvent en seconde ligne ser-
rent en masse sur la première ligne ; les deux
colonnes contre la cavalerie qui se trouvent
aux ailes, se portent avec leur artillerie de
manière à pouvoir prendre l'ennemi en flanc,
sans cependant trop s'écarter des ailes qu'elles
doivent protéger. L'artillerie placée dans les
intervalles des bataillons foudroie à mitraille.
Il faut que le premier rang de la première
ligne forme une palissade de bayonnettes,
pendant que les deux autres rangs font feu.

La meilleure manière de présenter la
bayonnette, pour garantir du sabre les 2e et
3e rangs, c'est en mettant le genou droit
en terre, la crosse du fusil appuyée à terre
et touchant le genou droit, l'arme un peu

inclinée en avant , la platine tournée en dessous , la tête appuyée sur le fusil , la main gauche à hauteur de la première ca-pucine , et tenant la poignée de l'arme avec la main droite.

F I N.

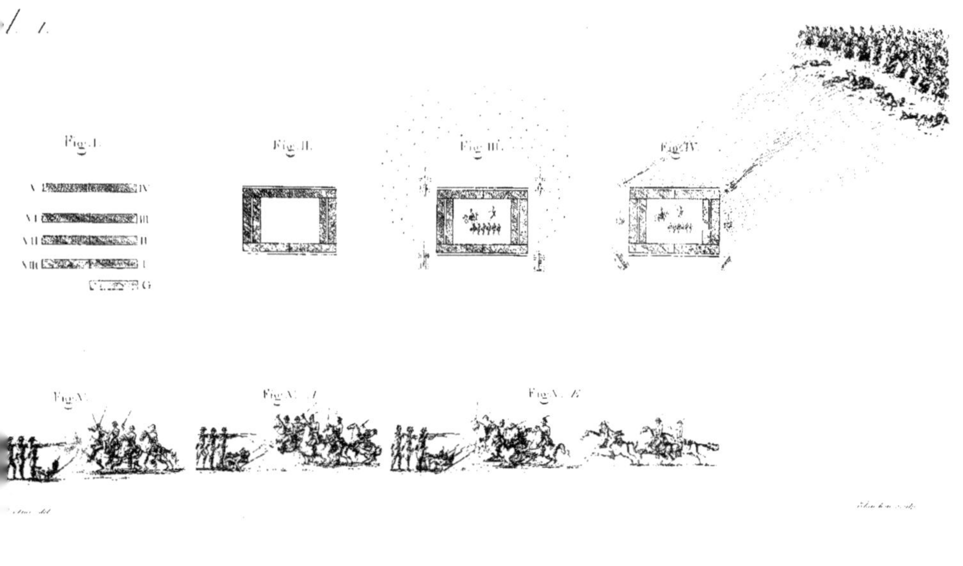

Fig. I.
Fig. II.
Fig. III.
Fig. IV.
Fig. V.
Fig. VI.
Fig. VII.

pl. II.

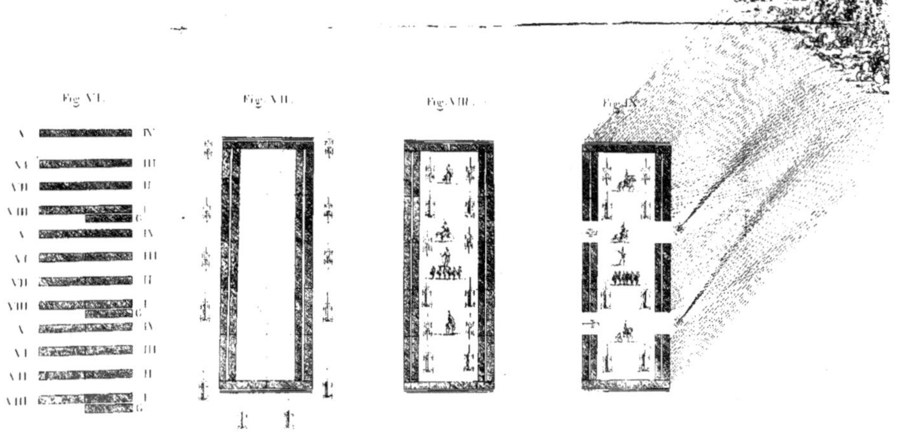
Fig. VI.
Fig. VII.
Fig. VIII.
Fig. IX.

www.ingramcontent.com/pod-product-compliance
Lightning Source LLC
LaVergne TN
LVHW012143170726
843503LV00009B/3944